BOEKANALYSE

Liefde in tijden van cholera

· · · · · · · · · · · · · · · ·

GABRIEL GARCIA MARQUEZ

BOEKANALYSE

Geschreven door Natalia Torres Behar
Vertaald door Nikki Claes

Liefde in tijden van cholera

GABRIEL GARCIA MARQUEZ

GABRIEL GARCÍA MÁRQUEZ

COLOMBIAANSE SCHRIJVER EN JOURNALIST

- **Geboren in Aracataca (Colombia) in 1927.**
- **Overleden in Mexico City in 2014.**
- **Literaire prijzen:**
  - Rómulo Gallegos-prijs, 1972 (voor *Honderd jaar eenzaamheid*)
  - Nobelprijs voor Literatuur, 1982
- **Opmerkelijke onderscheidingen:**
  - Eredoctoraat in de Letteren van Columbia University
- **Opmerkelijke werken:**
  - *Honderd jaar eenzaamheid* (1967), roman
  - *Kroniek van een aangekondigde dood* (1981), novelle
  - *Vreemde Pelgrims* (1992), verhalenbundel
  - *News of a Kidnapping* (1996), reportage

Gabriel García Márquez werd in 1927 geboren in Aracataca, een kleine stad in het departement Magdalena in Colombia. Zijn vader was Gabriel Eligio García, telegrafist en conservatief, en zijn moeder was Luisa Márquez, de dochter van een kolonel. In de eerste jaren van hun huwelijk verhuisden de ouders van de toekomstige schrijver naar Barranquilla en lieten de zuigeling García Márquez achter bij zijn grootouders van moederskant.

Hij bezocht verschillende scholen in het land en beëindigde de middelbare school in 1947. Daarna verhuisde hij naar Bogotá om rechten te studeren aan de Nationale Universiteit van Colombia, en publiceerde zijn eerste korte verhaal, *La tercera resignación* ("Het derde ontslag") in de krant *El Espectador* terwijl hij nog studeerde. Het jaar daarop werd hij echter gedwongen terug te keren naar de Caribische kust na de burgerlijke onrust die bekend staat als de "Bogotazo" in 1948. Aanvankelijk voldeed hij aan de wensen van zijn vader en studeerde hij verder aan de universiteit van Cartagena, maar twee jaar later, in 1950, verliet hij de universiteit en verhuisde hij naar Barranquilla om journalist te worden. Daar ontmoette hij de andere leden van de zogenaamde Barranquilla-groep, een groep intellectuelen die García Márquez het laatste zetje gaven om fictie te gaan schrijven.

Vanaf dat moment begon García Márquez vaak te reizen en woonde hij in de meest uiteenlopende steden ter wereld, waaronder Cartagena, Parijs en Mexico-stad, waar hij het grootste deel van zijn leven woonde. In 1967 katapulteerde de publicatie van zijn roman *Honderd jaar eenzaamheid* hem naar wereldwijde bekendheid en consolideerde zijn status als bestsellerauteur, aangezien het boek in meer dan 35 talen werd vertaald. Naast zijn commerciële succes werd de Colombiaanse auteur gezien als een van de belangrijkste stemmen in de literatuur van de 20e eeuw, zowel in Latijns-Amerika als wereldwijd. Hij stierf in april 2014 in Mexico-Stad.

👁 WIST JE DAT?

Kolonel Márquez, de grootvader van moederskant van de schrijver, was er fel op tegen dat zijn dochter met Gabriel Eligio García zou trouwen en gaf pas toe nadat Eligio García haar jarenlang het hof had gemaakt, waarbij hij haar voortdurend brieven schreef en haar vaak een serenade bracht. Dit verhaal was een enorme inspiratiebron voor zowel *Love in the Time of Cholera* als voor een aantal andere verhalen van de schrijver.

LIEFDE IN TIJDEN VAN CHOLERA

DE ONTEMBARE KRACHT VAN DE LIEFDE

- **Genre:** roman

- **Referentie-uitgave:** García Márquez, G. (1998) *Love in the Time of Cholera.* Trans. Grossman, E. Delhi: Penguin.

- **1ᵉ editie:** 1985

- **Thema's:** liefde als ziekte, hoofse liefde, romantische motieven, quixotisme

Liefde in tijden van cholera is een roman van de Colombiaanse schrijver Gabriel García Márquez. Het werd voor het eerst gepubliceerd in 1985 en is daarmee een van de latere werken van de schrijver. Het werd geschreven op een moment dat hij afstand nam van het magisch realisme waarmee zijn werk nauw verbonden was toen hij voor het eerst wereldfaam verwierf. Deze roman is daarentegen een diepgaande reflectie op de thema's liefde en menselijke relaties. In het hele verhaal zijn de diepste emoties en ervaringen van de personages verweven met de alledaagse realiteit van liefdesrelaties, maar de roman is ook een verkenning van een aantal manieren waarop de liefde in de loop van de eeuwen in verschillende stromingen van de westerse literatuur, waaronder de Romantiek en de middeleeuwse literatuur, is geportretteerd.

De roman schetst het leven van Florentino Ariza en Fermina Daza en speelt zich af in Cartagena, Colombia, in het begin van de 20^e eeuw. Deze setting stelt García Márquez in staat om een aantal andere thema's te verwerken die in de rest van zijn werk terugkomen, zoals de Colombiaanse geschiedenis, oorlog, politiek en de literatuur zelf. *Liefde in tijden van cholera* is een uitzonderlijke roman, niet alleen vanwege zijn esthetische waarde, maar ook vanwege de manier waarop hij eer bewijst aan andere auteurs en stromingen die de geschiedenis van de westerse literatuur hebben gevormd.

SAMENVATTING

De roman draait om de ingewikkelde relatie tussen de personages Florentino en Fermina, die we voor een optimale duidelijkheid in twee delen hebben verdeeld: hun jeugd, waarvan het einde wordt gemarkeerd door Fermina's huwelijk, en hun latere jaren, die beginnen na haar huwelijk. Deze chronologische tijdlijn weerspiegelt echter niet de structuur van het boek, dat het verhaal vertelt in een cyclisch patroon waarin verleden, heden en toekomst elkaar afwisselen.

KINDERJAREN

De hoofdpersonen van de roman zijn Florentino Ariza en Fermina Daza, die elkaar in hun jeugd ontmoeten. Beiden zijn afkomstig van de Caribische kust van Colombia en hebben zich gevestigd in de stad Cartagena. Na de dood van zijn vader moet Florentino voor zichzelf gaan zorgen en wordt hij aangenomen als assistent van Lotario Thugut, een telegrafist.

Op een dag stuurt Thugut Florentino naar het huis van Lorenzo Daza, een weduwe-zakenman met een duister verleden uit het moerasgebied van de Magdalena. Hij woont samen met zijn dochter Fermina en zijn zus Escolástica, een oudere vrijster die haar leven lang voor haar nichtje zorgt. In het huis van Daza ontmoet de jonge Florentino Fermina voor het eerst. Dit moment bepaalt de loop van zijn verdere leven, want hij wordt op slag hopeloos verliefd op haar.

Na een aantal aarzelende, mislukte pogingen slaagt Florentino er uiteindelijk in een brief bij het jonge object van zijn affecties te krijgen, waardoor een kuise verkering tussen hen kan opbloeien door middel van de brieven, geschenken en beloften die typisch zijn voor hoofse liefde.

Fermina's vader komt uiteindelijk achter hun geheime relatie en stuurt zijn zus in een vlaag van woede weg, omdat hij haar direct verantwoordelijk houdt voor de relatie van de jonge geliefden. Hij neemt zijn dochter ook mee op een reis naar Valledupar en reist later nog verder naar Riohacha in een poging haar en Florentino te scheiden en tot inkeer te brengen. Tijdens deze reis ontmoet Fermina de familie van haar moeder en sluit ze een sterke, levenslange vriendschap met haar nicht, Hildebranda Sánchez. Ze houdt ook contact met Florentino en laat hun relatie voeden door gedichten en de belofte dat ze op een dag zullen trouwen, ondanks de afstand die hen scheidt.

Na een lange zeereis keert Fermina enkele jaren later terug naar Cartagena. Maar als ze tijdens een wandeling over de markt wordt herenigd met haar geliefde, lopen al die jaren van wachten uit op een teleurstelling. Fermina realiseert zich dat het beeld dat ze in de loop der jaren van Florentino had opgebouwd slechts gebaseerd was op jeugdige passie, bloemrijke poëzie en beloften van liefde. Na enkele dagen van verwarring besluit ze een einde te maken aan hun epistolaire verkering door hem te vertellen dat "toen ik je zag, ik me realiseerde dat wat er tussen ons is niet meer dan een illusie is" (p. 102).

Ondertussen arriveert Juvenal Urbino de la Calle, de oudste zoon van een van de meest invloedrijke families in Cartagena, per schip terug in de stad, nadat hij net zijn medische studie in Parijs heeft afgerond, en manoeuvreert zich onmiddellijk een weg om gezien te worden als een van de belangrijkste figuren in de stad. Op een dag komt hij op verzoek van Lorenzo naar het huis van Daza om Fermina te onderzoeken. Net als Florentino zoveel jaar geleden wordt hij onmiddellijk getroffen door Fermina's schoonheid en karakter. Hij raakt snel door haar geobsedeerd en is vastbesloten met haar te trouwen.

Met Lorenzo's toestemming begint Juvenal haar het hof te maken. Maar in tegenstelling tot Florentino is zijn hofmakerij altijd rationeel, volwassen en geworteld in wereldse vastberadenheid, terwijl Florentino zich liet meeslepen door eindeloze retoriek en verheven platonische sentimentaliteit. Hoewel Fermina aanvankelijk niet onder de indruk is, aanvaardt ze uiteindelijk zijn huwelijksaanzoek, en hun huwelijk betekent het einde van haar kindertijd.

Wanneer hij hoort dat zijn geliefde met een ander is verloofd, raakt Florentino in een diepe depressie. Dit verontrust zijn moeder Tránsito, die besluit de oom van vaderskant, Leo XII Loayza, om hulp te vragen. Sinds de dood van zijn broer is Leo president van de River Company of the Caribbean, en hij heeft medelijden met de jongen door hem een baan te bezorgen in het telegraafkantoor van Villa de Leyva, een stad in het binnenland van Colombia op 50 dagen reisafstand van Cartagena, in de hoop dat dit voldoende afleiding biedt om hem zijn liefdesverdriet te laten vergeten.

Florentino verlaat Cartagena op een boot en vervloekt de hele tijd zijn geluk. Tijdens deze reis begint hij zichzelf, zijn gevoelens en zijn neuroses te begrijpen, en wenst Juvenal, Fermina en zichzelf op hun beurt de dood toe als straf voor het feit dat ze hem zoveel ellende hebben bezorgd. Op een nacht sluipt een mysterieuze vrouw zijn kamer binnen en laat hem kennismaken met de geneugten van seks, die hij de rest van zijn leven als balsem gebruikt om zijn hartzeer te verzachten. Halverwege de reis besluit hij terug te keren naar Cartagena, fortuin te maken en een geduchte reputatie op te bouwen om op een dag Fermina's hart te veroveren.

LATERE JAREN

Fermina en Juvenal worden al snel een van de meest populaire stellen in Cartagena vanwege hun hoge sociale status en hun steun aan de kunst. Juvenal's vooruitstrevende geest drijft hem ertoe een belangrijke figuur te worden in de ontwikkeling van de stad, zelfs buiten het publieke oog. Fermina blijft gedurende dit alles aan zijn zijde, en mettertijd wordt zij de vrouw waarvan haar vader altijd heeft gedroomd: een rolmodel voor alle andere vrouwen van de Colombiaanse aristocratie, ondanks haar nederige afkomst.

Het paar heeft een langdurige, stabiele relatie en heeft samen twee kinderen: Marco Aurelio en Ofelia. Hun leven samen is vredig, en wordt alleen verstoord door de ruzies die typisch zijn voor elk huwelijk en de affaire die Juvenal begint met Barbara Lynch, een van zijn patiënten. Aan hun huwelijk komt uiteindelijk op Pinksterzondag een einde wanneer Juvenal van een ladder valt terwijl hij een papegaai probeert te vangen en overlijdt.

Ondertussen besteedt Florentino al zijn tijd en energie aan het opklimmen in de rangen van het bedrijf van zijn oom, geholpen door Leona Cassiani, met wie hij een ongewone liefdesrelatie begint die nooit wordt geconcretiseerd. Uiteindelijk wordt hij president van het bedrijf na de dood van zijn oom, maar zijn trots op het prestige dat hij door jarenlang hard werken heeft verworven, wordt voortdurend getemperd door de pijn van zijn gebroken hart, die nog wordt verergerd door de dood van zijn moeder, de enige vrouw die de diepte van zijn lijden kende en hem haar onvoorwaardelijke steun had gegeven. Dit dubbele verdriet brengt Florentino ertoe troost te zoeken in de armen van een reeks minnaars van alle leeftijden, sociale klassen en rassen die hij in de loop van zijn lange leven ontmoet en die uiteindelijk meer dan 600 personen tellen.

Wanneer Florentino verneemt dat Juvenal is overleden, besluit hij dat dit het teken is waarop hij zijn hele leven heeft gewacht en dat hij opnieuw moet proberen Fermina het hof te maken. Met alle wijsheid en geduld die hij in de loop der jaren heeft opgedaan, slaagt hij erin een hechte vriendschap met de weduwe te smeden, en biedt haar de steun die ze nodig heeft om te herstellen van het verdriet en de verwarring die ze voelt na de dood van haar man. Uiteindelijk besluiten de twee – nu een oude man en vrouw die hevig verliefd zijn – een tocht over de rivier te maken in een van de boten van Florentino's bedrijf.

Tijdens hun reis herontdekt en consumeert het stel hun liefde, waardoor ze zich beiden weer jong voelen. Wanneer ze op hun bestemming aankomen, overtuigt Florentino de kapitein om de pestvlag te hijsen die de aanwezigheid van cholera aan boord van de boot signaleert, zodat ze geen lading of extra passagiers hoeven mee te nemen en de terugreis alleen kunnen maken, als een soort verlengde huwelijksreis. De kapitein confronteert Florentino wanneer ze de haven van Cartagena bereiken, omdat hij niet weet hoe hij met de gevolgen van hun leugen moet omgaan. Florentino antwoordt simpelweg dat ze de reis nog een keer zullen maken, waardoor de huwelijksreis nog een keer wordt verlengd en de liefde tussen hem en Fermina en de kapitein en zijn geliefde kan opbloeien in deze plek van absolute vrijheid die ze voor zichzelf hebben gecreëerd. Uiteindelijk duurt de huwelijksreis tot hun dood.

KARAKTERSTUDIE

FLORENTINO ARIZA

Florentino is een van de hoofdpersonen in *Liefde in tijden van cholera*, en het verhaal ontvouwt zich over een halve eeuw van zijn leven. Als gevolg daarvan verandert Florentino's karakter in de loop van het verhaal voortdurend in fysiek, mentaal en emotioneel opzicht, maar hij wordt altijd geleid door zijn standvastige noorderster: zijn vurige liefde voor Fermina Daza.

Florentino is een buitenechtelijk kind dat voortkomt uit een buitenechtelijke relatie tussen Pius V Loayza en Tránsito Ariza. Zijn vader heeft hem nooit formeel als zijn zoon erkend, hoewel hij hem wel financieel ondersteunde. Hij is verlegen en heeft een somber karakter, en draagt pakken waardoor het lijkt alsof hij uit de vorige eeuw is gestapt. Florentino's fysieke verschijning wekt eerder medelijden op dan lust, wat hij zijn hele leven lang gebruikt om overspelige relaties aan te gaan met verschillende vrouwen. Hoewel hij niet knap is, besteedt hij veel aandacht aan zijn uiterlijk, draagt hij eau de cologne en probeert hij er volgens zijn eigen normen altijd respectabel uit te zien. Zijn doel is te ontsnappen aan de tand des tijds, zodat hij er op zijn best uitziet als de tijd komt dat hij wordt herenigd met de vrouw van wie hij houdt. Zijn ouderwetse bril, zijn rokkostuum en de onmodieuze hoed die hij draagt om te verbergen dat hij voortijdig kaal wordt, maken hem onmiddellijk herkenbaar. Aangezien hij ook nog een zwarte paraplu draagt, is het effect positief kadaverachtig.

Hij wordt al heel jong een fervent lezer en schrijver. Maar ondanks zijn grote liefde voor poëzie leert Florentino nooit onderscheid te maken tussen het goed geschrevene en het middelmatige, en verslindt hij beide soorten vers zonder onderscheid. Wanneer hij wegwijnt in de diepte van liefdesverdriet, vindt hij een soort catharsis in het schrijven van poëzie, die de manier gaat bepalen waarop hij zijn liefde uitdrukt: door middel van retoriek, woorden, symbolen en ideeën, in plaats van daden. Deze eigenschap is bijzonder uitgesproken in zijn jeugd, maar wordt minder naarmate hij ouder wordt. Hij is zijn hele leven ziekelijk en de symptomen van zijn liefdesverdriet worden vaak verward met de symptomen van cholera.

FERMINA DAZA

Het verhaal van *Liefde in tijden van cholera* draait om het karakter van Fermina Daza, aangezien het leven van de andere personages om haar beslissingen en verlangens draait. Haar vader is een rijke zakenman uit het moerasgebied van de Magdalena die zijn fortuin op illegale wijze heeft verdiend, en haar moeder stierf toen ze nog heel jong was, waardoor ze werd opgevoed door haar tante van vaderskant, Escolástica Daza.

De meeste beschrijvingen van Fermina's fysieke verschijning zijn te vinden in de delen van het boek waarin zij nog een jonge vrouw is en zijn vanuit het gezichtspunt van Florentino, die haar ziet als de ideale vrouw en de liefde van zijn leven. Fermina is conventioneel aantrekkelijk en straalt elegantie en autoriteit uit, waardoor ze snel de vrouw wordt waar alle andere vrouwen in haar sociale kring op lijken. Haar persoonlijkheid speelt echter een veel grotere rol in haar karakterisering dan haar fysieke verschijning.

Fermina is zo trots en wilskrachtig dat iedereen die met haar in discussie gaat waarschijnlijk zijn nederlaag moet toegeven. Dit wordt vooral duidelijk in haar relatie met haar man, Juvenal Urbino, aangezien Fermina hun veelvuldige ruzies meestal wint. Ze wordt vaak een rebel genoemd vanwege haar vastberadenheid om haar eigen lot te bepalen, maar deze vastberadenheid gaat gepaard met een grote wijsheid die het product is van haar volwassenheid en rationele geest. Door deze kwaliteiten zien haar naasten haar als iemand op wie ze kunnen vertrouwen. Ze is echter ook een gebrekkig individu dat niet met schuldgevoelens kan omgaan en de gewoonte heeft haar angsten en problemen te verbergen door in oncontroleerbare woede-uitbarstingen te vervallen.

JUVENAL URBINO DE LA CALLE

Juvenal is Fermina's echtgenoot en is een van de belangrijkste, gerespecteerde mannen in Cartagena. Hij is het oudste kind in een familie van Colombiaanse aristocraten, en wordt na zijn middelbare school naar Europa gestuurd om medicijnen te studeren, een traditie die de eerstgeboren zonen van de familie Urbino al jaren volgen. Zijn vader sterft tijdens een reis naar het Caribisch gebied om een uitbraak van cholera te behandelen.

Juvenal is een conventioneel knappe man met een respectabele, elegante houding, en in zijn jeugd wordt hij gezien als de meest begeerde vrijgezel in de regio. Net als zijn vrouw wordt hij een van de rolmodellen van de samenleving in

Cartagena en staat hij bekend om zijn medische vaardigheden, die hij te danken heeft aan de geavanceerde methoden die hij in Frankrijk heeft geleerd, en om zijn vooruitstrevendheid. Juvenal onderneemt een groot aantal projecten om zijn stad te verbeteren en nieuw leven in te blazen, waaronder het toezicht op de bouw van een aquaduct en het sponsoren van het jaarlijkse Poëtische Festival. Hij is ook een vroom christen die zich houdt aan strenge morele principes, met als enige uitzondering zijn korte overspelige relatie met Barbara Lynch. Hij heeft een hekel aan dieren en ironisch genoeg wordt zijn dood indirect veroorzaakt door zijn enige huisdier, een papegaai.

TRÁNSITO ARIZA

Tránsito is Florentino's moeder. Zij is ongehuwd en heeft een kleine notionshop in de Rue des Windows. Haar zaak is een dekmantel voor een pandjeshuis waar in ongenade gevallen aristocraten hun juwelen komen verkopen om hun extravagante levensstijl te financieren. Ze besteedt haar leven aan de zorg voor haar zoon, en wanneer ze ontdekt dat hij verliefd is, doet ze al haar moeite om hem te helpen Fermina het hof te maken en gebruikt ze haar eigen spaargeld om een huis voor hen te kopen.

Na verloop van tijd begint Tránsito's geheugen haar in de steek te laten, evenals haar verstand, tot ze op een dag begint te denken dat ze kleine Roachie Martínez is, een personage uit een kinderverhaal. Ze sterft plotseling aan een hartaanval.

LORENZO DAZA

Lorenzo is een zakenman die zijn fortuin heeft verdiend met de handel in smokkelwaar en andere duistere zaken. Na de dood van zijn vrouw is het zijn levensdoel om van zijn dochter Fermina een belangrijke dame uit de hogere klasse te maken, en hij regelt met succes haar huwelijk met Juvenal Urbino. Uiteindelijk vlucht hij terug naar zijn geboortestad nadat zijn illegale activiteiten bekend zijn geworden, maar zijn schoonzoon Juvenal trekt aan wat touwtjes om de zaken glad te strijken.

ESCOLÁSTICA DAZA

Lorenzo's zus Escolástica is een uiterst vrome oude vrijster wier leven in het teken staat van de zorg voor haar nichtje, voor wie zij optreedt als mentor, surrogaatmoeder en vertrouwelinge. Escolástica vergemakkelijkt ook Fermina's korte romance met Florentino door brieven tussen de twee te versturen. Wanneer haar broer echter beseft wat ze heeft gedaan, stuurt hij haar het huis uit en wordt er nooit meer iets van haar vernomen.

HILDEBRANDA SÁNCHEZ

Hildebranda is de nicht van Fermina. De twee jonge meisjes ontmoeten elkaar voor het eerst wanneer Fermina de stad Valledupar bezoekt, en ze worden meteen dikke vriendinnen. Deze vriendschap blijft hun hele leven hecht, ook al brokkelen de meeste vriendschappen van Fermina na verloop van tijd af. Hildebranda geeft Fermina gedurende het hele verhaal onvoorwaardelijke steun en helpt haar nicht door haar donkerste uren heen. Ze trouwt met een soldaat en samen krijgen ze verschillende kinderen.

LEO XII LOAYZA

Leo is Florentino's oom van vaderskant, en wordt president van de River Company of the Caribbean na de dood van zijn broer. Hij behoudt die positie voor het grootste deel van zijn leven. Leo is een van de mensen die Florentino helpen de sociale en economische ladder te beklimmen, en hij benoemt hem tot nieuwe president van het familiebedrijf wanneer hij verneemt dat hij niet lang meer te leven heeft. Hij sterft op een ranch aan de rand van de stad met zijn neef aan zijn zijde.

LEONA CASSIANI

Leona is een vrouw van gemengd ras die Florentino op een dag in de tram ontmoet. Hoewel hij aanvankelijk van plan is haar toe te voegen aan zijn lange lijst van veroveringen, wordt hun relatie nooit geconsumeerd en uiteindelijk vraagt Leona aan Florentino of hij haar een baan kan bezorgen bij de River Company of the Caribbean. Leona klimt geleidelijk op in de rangen van het bedrijf en wint het respect van Leo XII, die op dat moment nog president van het bedrijf is. Net als Tránsito Ariza voor haar, wordt het bepalende doel van Leona's leven haar vastberadenheid om Florentino te helpen, en ze wordt een soort surrogaatmoeder voor hem. Zij is ook een van de mensen die hem helpen om aan de top van de River Company of the Caribbean te komen.

AMÉRICA VICUÑA

América is Florentino's jonge pupil, die hem ontmoet als zij nog een middelbare scholier is en hij een bejaarde man. Zij is Florentino's laatste geliefde voor zijn hereniging met zijn geliefde Fermina, en América pleegt zelfmoord als ze van hun relatie hoort.

BARBARA LYNCH

Barbara is een van Juvenals patiënten, met wie hij gedurende ongeveer vier maanden een overspelige relatie heeft. Dit is de enige keer dat Juvenal afwijkt van de strenge morele principes die hij aanhangt, en het leidt tot het ergste conflict tussen Juvenal en Fermina in al hun jaren samen.

ANALYSE

FORMULIER

Genre en stijl

Bij het bespreken van een werk van García Márquez is de vraag of het boek kan worden gecategoriseerd als magisch realisme nooit ver van de lippen, aangezien de Colombiaanse schrijver sterk met deze stroming werd geassocieerd. Het is echter belangrijk te benadrukken dat niet al zijn werken tot dat genre behoren.

 MAGISCH REALISME

Hoewel het magisch realisme oorspronkelijk was opgevat als een verhaalvorm die eigen was aan de Latijns-Amerikaanse literatuur en als een expressiemiddel dat zich baseerde op Latijns-Amerikaanse referentiepunten in plaats van een Europees cultureel kader, heeft het uiteindelijk het tegenovergestelde effect gehad en is het een zeer populair cultureel product geworden in de westerse wereld. Een van de kenmerkende eigenschappen van de beweging is de manier waarop reële situaties, die politiek of logisch complex of extreem gewelddadig kunnen zijn, op onrealistische wijze worden voorgesteld.

De vroegste werken van García Márquez, die veel inspiratie putten uit de geschriften van William Faulkner (Amerikaanse schrijver, 1897-1962) en die in 1967 culmineerden in de publicatie van *Honderd jaar eenzaamheid*, zijn het meest typerend voor dit genre: zo is de scène in *Honderd jaar eenzaamheid waarin* Remedios de schone ten hemel stijgt, wat haar dood symboliseert, een klassiek voorbeeld van de conventies van het magisch realisme. Deze motieven komen echter veel minder voor in het latere werk van García Márquez, dat veel journalistieker en realistischer van stijl is.

Het genre van *Love in the Time of Cholera* kan misschien het best worden omschreven als magisch realisme-naast. Hoewel overdreven metaforen en beelden die vaak grenzen aan het surrealisme door het verhaal worden verspreid, verschilt de stijl van *Love in the Time of Cholera* volledig van die in zijn eerdere werken. In plaats van literaire beelden te gebruiken om tastbare elementen van de echte wereld te beschrijven, gebruikt hij ze om de nuances van het abstracte begrip liefde op te roepen, waardoor de roman direct aansluit bij eeuwenoude westerse literaire tradities.

In feite is het intertekstuele karakter van de roman misschien wel een van zijn bepalende kenmerken. Zowel de verteller als de personages zelf zijn zich bewust van de literaire geschiedenis, en dit bewustzijn manifesteert zich op twee manieren:

- door directe verwijzingen in de roman naar andere auteurs, waaronder Marcel Proust (p. 114) en Joseph Conrad (p. 320), en naar de Spaanse Gouden Eeuw (p. 75);

- door het gebruik van romantische motieven zoals een vuurtoren en reizen, die bij verschillende gelegenheden worden gebruikt, en vooral door het gebruik van motieven die verband houden met de traditie van de hoofse liefde, zoals beloften, het cadeau doen van haarlokken, het uitwisselen van brieven en het idealiseren van het voorwerp van de affectie.

In feite fungeert de roman als een soort catalogus van verschillende soorten liefde door de manier waarop het verschillende historische en literaire vormen van liefde laat zien, en door na te denken over de manier waarop externe factoren zoals leeftijd en tijd de aard van de liefde kunnen veranderen.

Taal en structuur

De roman is verdeeld in zes hoofdstukken, en de structuur bevat een van de meest terugkerende kenmerken van García Márquez' schrijven: het gebruik van een niet-lineaire tijdlijn. *Liefde in tijden van cholera speelt* zich af in een specifieke plaats (Cartagena, Colombia) en periode (iets meer dan een halve eeuw), maar de verteller springt voortdurend tussen verleden, heden en toekomst, en tussen de verschillende gebieden waar de hoofdpersonen wonen. Deze techniek maakt het mogelijk het verhaal van Florentino en Fermina te vertellen op een manier die hun leven vóór hun hereniging als een herinnering inkadert, en tegelijkertijd laat zien hoe hun relatie zich ontwikkelt op hun oude dag.

Het boek is geschreven in de derde persoon, maar de verteller verdiept zich voortdurend in de gedachten en gevoelens van de personages, wat de tijdsprongen in de roman mogelijk maakt. De verteller is echter niet alwetend, want hij is gebonden aan de handelingen van de personages.

Ook de vertelling is bijna filmisch van aard: de verteller volgt de personages als een camera en geeft gedetailleerde beschrijvingen van hun omgeving en omgeving. Hierdoor ontstaat een polyfone vertelling waarin de stem van de personages gemakkelijk kan worden overstemd door hun omgeving. Een voorbeeld van deze meerstemmigheid is te zien wanneer Fermina de markt bezoekt: "Ze zakte weg in het hete rumoer van de schoenpoetsers en de vogelverkopers, de verkopers van goedkope boeken en de toverdokters en de verkopers van snoepjes die boven het geroezemoes van de menigte uit schreeuwden; ananas snoepjes voor je liefje, kokossnoep is dandy, bruin suikerbrood voor je suiker" (p. 101).

Ten slotte laat de roman ook García Márquez' eigenzinnige schrijfstijl zien. Ondanks zijn carrière als journalist kenmerkt het werk van de schrijver zich door zijn gebruik van extreem lange zinnen en alinea's, die vaak worden gescheiden door komma's in plaats van punten en waarin veel bijvoeglijke naamwoorden en alliteratie voorkomen. Dit geeft zijn werk een lyrische kwaliteit die de nadruk legt op beschrijving boven actie en een intens visuele vertelstijl creëert.

THEMA'S

Zoals gezegd is liefde het hoofdthema van *Liefde in tijden van cholera*, en de roman presenteert een aantal verschillende manieren waarop dit complexe concept kan worden bekeken en begrepen, waarvan de belangrijkste op de volgende pagina's worden geanalyseerd.

Liefde als ziekte

Liefde als ziekte is een van de oudste motieven in de westerse literatuur, en gaat terug tot de Griekse oudheid. Een van de vroegste opmerkelijke voorbeelden van deze metafoor is te vinden in Euripides' (Griekse tragicus, ca. 480-406 v. Chr.) toneelstuk *Hippolytus* (428 v. Chr.), en het beleefde een nieuwe opleving in populariteit met de opkomst van latere literaire stromingen tijdens de Spaanse Gouden Eeuw en met de Romantiek. In deze werken wordt liefde gezien als een ziekte vanwege het vermogen om de werkelijkheid te vervormen: de geliefde wordt altijd mooier in de ogen van de minnaar, en verliefde individuen verliezen hun verstand en worden ondergedompeld in de woede van angst. Deze opvatting van liefde populariseerde ook het idee dat liefde een passie is, dat wil zeggen een proces dat lijden veroorzaakt.

In het geval van deze specifieke roman kan de vergelijking tussen liefde en ziekte nauwelijks explicieter worden gemaakt, aangezien beide in de titel zelf worden genoemd! Liefde en cholera worden voortdurend vergeleken in de roman, vooral door het personage van Florentino, wiens symptomen van hartzeer lijken op de symptomen van cholera: "Maar uit zijn onderzoek bleek dat hij geen koorts had, nergens pijn, en dat zijn enige concrete gevoel een dringend verlangen was om te sterven. Alles wat nodig was, was een scherpzinnige ondervraging, […] om opnieuw te concluderen dat de symptomen van de liefde dezelfde waren als die van cholera" (p. 62).

Deze metafoor kan op verschillende manieren worden uitgebreid en geïnterpreteerd; hij kan bijvoorbeeld leiden tot de veronderstelling dat als liefde een ziekte is, niemand controle heeft over op wie hij verliefd wordt of hoe die liefde zich ontwikkelt. Net als cholera in het Colombia van de 20^e eeuw is liefde een epidemie die niet te genezen is. In feite staat Juvenal helemaal aan het begin van de roman bij het dode lichaam van Jeremiah de Saint-Amour en overdenkt dat "van de talloze zelfmoorden die hij zich kon herinneren, dit de eerste was met cyanide die niet was veroorzaakt door het lijden van de liefde" (p. 5).

Hoofse liefde

In de hele roman wordt het begrip liefde op verschillende manieren verkend, van de overpeinzingen van de verteller en de personages tot intertekstuele verwijzingen. Een van deze verwijzingen, en misschien wel de meest voor de hand liggende en vaakst herhaalde, is die naar de hoofse liefde. Dit literaire concept, dat het meest wordt geassocieerd met de middeleeuwse literatuur, stelt de liefde voor als nobel, puur en ridderlijk. Hoofse liefde wordt zelden geconsumeerd in fysieke zin, en wordt meestal beschouwd als meer abstract en geïdealiseerd dan materieel van aard. Critici hebben hoofse liefdes vergeleken met relaties gebaseerd op loyaliteit, waarin een man zich onderwerpt aan de wil van een vrouw.

De traditie van de hoofse liefde schreef een reeks stappen voor die het paar moest volgen, waaronder het sturen van brieven, het uitwisselen van geschenken en beloften en het verrichten van heldendaden. In de roman komt een aantal van deze stappen voor in de beginfase van de relatie tussen Florentino Ariza en Fermina Daza; hun relatie begint en wordt in stand gehouden door de brieven die zij uitwisselen. Ze geven elkaar zelfs een haarlok, wat misschien wel het meest kenmerkende is van de hoofse liefde: "Hij, niet zij, had het lef om een haarlok in een brief te stoppen, maar hij kreeg nooit het antwoord waar hij naar verlangde, namelijk een hele lok van Fermina Daza's vlecht" (p. 69).

De wijze waarop deze referentiepunten worden gepresenteerd is tweeledig. Ten eerste is Florentino's opvatting over de liefde gebaseerd op een combinatie van literaire tradities, die vooral in zijn jeugd bijna misplaatst lijkt. Hij wordt verteerd door de taal, retoriek en poëzie van de liefde, en beschouwt de emotie zelf als een transcendente ervaring. Fermina fungeert als de andere kant van deze medaille, aangezien zij in de loop der jaren steeds pragmatischer en rationeler wordt en haar opvatting over de liefde baseert op de meest alledaagse manieren waarop deze zich manifesteert, zoals de dagelijkse realiteit van het samenwonen. Op die manier conceptualiseren ze elk de liefde op een manier die een tegenhanger vormt voor het perspectief van de ander.

Romantische motieven

De intertekstualiteit in deze roman beperkt zich niet tot de verwijzingen naar de hoofse liefde: hij staat ook bol van de romantische motieven.

 ## ROMANTIEK

De Romantiek was een artistieke en culturele beweging die aan het eind van de 18e eeuw in Europa, en later in Amerika, opkwam. Zij ontstond als reactie op het rationalisme dat in die tijd overheerste als gevolg van bewegingen als de Franse Verlichting, en was gebaseerd op een levensfilosofie die de waarden van individualisme, creativiteit en nationalisme prees, en veel belang hechtte aan kunst en folklore. Hoewel de Romantiek een breed scala aan waarden en emoties idealiseerde, wordt zij meestal het meest geassocieerd met nostalgie en melancholie. Als gevolg daarvan ontstonden binnen de beweging twee afzonderlijke trends: een terugkeer naar klassieke vormen die teruggaan tot het oude Griekenland, en de idealisering van jeugdherinneringen en omgevingen die met de kindertijd worden geassocieerd. Romantische schrijvers zwommen tegen de stroom in omdat hun logica, hun esthetiek en de manier waarop ze met de werkelijkheid omgingen atypisch waren voor de tijd waarin ze leefden, waardoor veel schrijvers het gevoel kregen dat ze in het verkeerde tijdperk waren geboren.

De romantiek werd ook gekenmerkt door het terugkerende gebruik van bepaalde literaire motieven: reizen, romantische passie, nostalgie, melancholie, de *locus amoenus* (idyllische plaats), de rauwe kracht van de natuur, idealisme, enzovoort.

De meest invloedrijke Romantische schrijvers waren onder andere Johann Wolfgang von Goethe (Duitse schrijver, 1749-1832), Lord Byron (Engelse dichter, 1788-1824), William Wordsworth (Engelse dichter, 1770-1850), John Keats (Engelse dichter, 1795-1821), Mary Shelley (Engelse schrijver, 1797-1851) en José de Espronceda (Spaanse dichter, 1808-1842).

Romantische motieven duiken in *Liefde in tijden van cholera* op verschillende manieren op, van het gebruik van klassieke romantische beeldspraak en directe verwijzingen naar klassieke Spaanse romantische literatuur tot de manier waarop de personages worden ontwikkeld.

In de roman worden vaak romantische motieven gebruikt om de dualiteit van de schoonheid en de vernietigende kracht van de natuur te benadrukken. Bovendien is de omgeving waarin de personages wonen – met name Fermina, althans wanneer zij bij Florentino is – idyllisch en stelt zij de mensen in staat bijna goddelijke ervaringen op te doen. De natuur kan echter ook wreed en meedogenloos zijn, en liefde betekent voor haar niets, zoals blijkt uit veel van de situaties waarin Florentino zich bevindt, zoals wanneer hij zijn toevlucht zoekt in een vuurtoren terwijl er een storm om hem heen raast of wanneer hij door de regen dwaalt op zoek naar Fermina's beeltenis, die altijd eindigen met dat hij ziek wordt.

Bovendien is Florentino een inherent romantisch personage: zijn opvatting en ervaringen van de liefde zijn anachronistisch, omdat ze eerder lijken te behoren tot lang vervlogen tijden en verre oorden dan tot zijn huidige werkelijkheid, en dit brengt hem in conflict met andere personages en met de wereld waarin hij leeft.

Florentino: een 20e-eeuwse Don Quichot

Hoewel de aard van Florentino kan worden toegeschreven aan zijn fundamenteel romantische geest, is het ook mogelijk een vergelijking te trekken tussen hem en de gelijknamige hoofdpersoon van *Don Quichot* (1605, 1615), die misschien

wel het belangrijkste personage uit de Spaanse literatuurge-
schiedenis is. Don Quichot is bedacht door de Spaanse schrijver Miguel de Cervantes (1547-1616), en is een edelman van
lage rang die leeft in de streek La Mancha in het 17$^{e\text{-}eeuwse}$
Spanje. Hij brengt zijn tijd door met het verslinden van alle
ridderromans in zijn uitgebreide bibliotheek, totdat hij uiteindelijk zijn grip op de werkelijkheid verliest en begint te
geloven dat hij zelf een ridder is. Vanaf dat moment vervormt
hij voortdurend de werkelijkheid om deze aan te passen aan
de ridderlijke logica die hij is gaan volgen. Het verwarren van
feit en fictie staat in feite bekend als quixotisme, ter ere van
het personage van Cervantes.

Het is dan ook niet onredelijk om Florentino van quixotisme
te beschuldigen. Liefde is het fundament waarop zijn leven is
gebouwd, maar het is geen emotie die van binnenuit komt,
maar die voortkomt uit de geschiedenis en vooral uit de literatuur: "Zij vormden de oorspronkelijke bron van zijn eerste
brieven aan Fermina Daza, die halfbakken liefkozingen die hij
geheel aan de Spaanse romantiek ontleende, en zijn brieven
gingen in die trant verder totdat het echte leven hem dwong
zich bezig te houden met alledaagser zaken dan hartzeer"
(p. 75). Florentino's ongeremde liefde is het product van zijn
fervente literaire consumptie, en daarom worden zijn gevoelens gedurende bijna de hele roman uitgedrukt door middel
van poëzie en retoriek, waardoor ze vervreemden van de
meer mondaine aspecten van de liefde waar Fermina zich op
richt. Voordat hij ooit verliefd wordt op Fermina, is Florentino
al bezeten van het idee van verliefdheid, en meer in het bijzonder van het idee om verliefd te worden op een manier die
aansluit bij de poëzie waar hij zo dol op is.

VERDERE REFLECTIE

ENKELE VRAGEN OM OVER NA TE DENKEN...

- Hoewel liefde het hoofdthema is van *Liefde in tijden van cholera, behandelt* de roman ook diverse andere thema's. Gebeurt dat op een directe of indirecte manier? Welke metaforen, beelden en verwijzingen gebruikt de roman om ze aan te snijden?

- Een van Fermina's belangrijkste karaktereigenschappen is haar karakter. Vergelijk de manier waarop Fermina wordt afgebeeld met de manier waarop andere vrouwen in de roman worden afgebeeld.

- Hoe portretteert de roman vrouwen in het algemeen?

- In de roman wordt liefde vergeleken met ziekte, meer bepaald met cholera. Waarmee vergelijkt de roman de liefde nog meer?

- Kan het karakter van Florentino Ariza worden vergeleken met het karakter van Werther (uit Goethe's briefroman *De smarten van de jonge Werther*, 1774)? Kies twee personages uit andere boeken, tv-series of films die ook met Florentino kunnen worden vergeleken en licht je keuze toe.

- De roman volgt een cyclische tijdlijn waarin het verleden, het heden en de toekomst elkaar afwisselen. Op welke andere manieren is de roman cyclisch van aard? Hebben sommige personages terugkerende kenmerken?

VERDER LEZEN

REFERENTIE-UITGAVE

García Márquez, G. (1998) *Love in the Time of Cholera*. Trans. Grossman, E. Delhi: Penguin.

REFERENTIESTUDIES

Kemper Columbus, C. (1992) Faint Echoes and Faded Reflections: *Love in the Time of Cholera. Twintigste Eeuwse Literatuur.* [Online]. [Geraadpleegd op 27 februari 2018]. Vol. 38 (1), pp. 89-100. Beschikbaar vanaf: <http://faculty.winthrop.edu/kosterj/engl618/readings/marquez/columbusFaintEchoesCholera.pdf>

Monroy Zuluaga, L. (2009) Acercamiento a luchas axiológicas en *El amor en los tiempos del cólera* de Gabriel García Márquez. *Universidad de Tolima*. [Online]. [Accessed 27 February 2018]. Beschikbaar vanaf: <https://webs.ucm.es/info/especulo/numero40/axioggm.html>

AANBEVOLEN LECTUUR

Martin, G. (2012) *The Cambridge Introduction to Gabriel García Márquez.* Cambridge: Cambridge University Press. Hoofdstuk 6.

Swanson, P. ed. (2010) *The Cambridge Companion to Gabriel García Márquez*. Cambridge: Cambridge University Press.

AANPASSINGEN

Love in the Time of Cholera. (2008) [Film]. Mike Newell. Dir. Spanje: New Line Cinema.

*We horen graag van jou! Laat
een reactie achter op jouw online bibliotheek
en deel je favoriete boeken op social media!*

De uitgever garandeert de betrouwbaarheid van de gepubliceerde informatie, die echter niet onder zijn verantwoordelijkheid valt.

www.50minutes.com

Master ISBN: 9782808688918
Papier ISBN: 9782808610315
Wettelijk depot: D/2023/12603/1311

Omslag: © Primento

Digitaal ontwerp: Primento, de digitale partner van uitgevers.